EL DIA QUE ENTENDÍ MI PROPIA VIDA...
Y LA DEL RESTO

El día que entendí mi propia vida… y la del resto
© Elena Aguado Alba
© Esstudio Ediciones (Editfuss, S.L.)
c/Arroyo de Pozuelo, 109 • 28023 Madrid

Diseño editorial: Esstudio Ediciones
Primera edición: abril, 2025
ISBN: 979-13-87638-11-5
Depósito Legal: M-9496-2025
Maquetación y preimpresión: Esstudio Ediciones
Imprime: DSIG, SL

El papel utilizado para la impresión de este libro no daña el medioambiente, por lo que está considerado como papel ecológico.

ELENA AGUADO ALBA

• • • •

EL DIA QUE ENTENDÍ
MI PROPIA VIDA…
Y LA DEL RESTO

narrativa

esstudio
ediciones

Trece relatos basados en hechos reales, contados a través de los ojos de una enfermera, historias de pequeñas personitas afectadas por el cáncer, que hablan de su día a día en una planta de oncología en un hospital pediátrico. Y como no podría ser de otra manera... hablan de sus familias, del AMOR, de la vida y de la muerte.

PRÓLOGO

Querido lector, si estás leyendo esto… Una de dos, o eres una de esas maravillosas personas que me rodea a diario, o este pequeño proyecto ha culminado en algo que me haría tanta ilusión, poder compartir mis vivencias para ayudar a aquellos que les lleguen mis historias…

Me presento, me llamo Elena, nací un 28 de junio de 1992 en Madrid. Nací en el lecho de una familia amable y trabajadora. En ese momento tenía una madre, un hermano y un padre que posteriormente fallecería en 2021 a causa de un cáncer incompatible con la vida. Ahora tengo una madre, un hermano, una cuñada, un sobrino maravilloso que desde hace tiempo se ha convertido en mi persona favorita en el universo por su alta sensibilidad y desparpajo. Y por supuesto tengo a mi padre, pero está «colocado en otro sitio…», en mi familia creemos que está en Casiopea, una constelación cercana al polo norte y la cual mi padre por algún motivo que desconozco solía mencionar a menudo. Siempre fue un gran amante de la astrología y sus curiosidades.

Podría decirse que tengo una familia normal, bastante grande, con muchos tíos y primos… Y en general, podría decir que nos queremos y nos apoyamos siempre en la medida de nuestras posibilidades, así que rectifico, no tengo una familia normal, tengo una familia maravillosa, una red de apoyo excepcional, sobre todo mi madre y mi hermano. Y me siento muy afortunada de tenerles presentes y cerca de mí todos los días.

Tengo también unos amigos maravillosos, que por motivos que os podéis imaginar no me gustaría revelar su identidad directamente, pero me imagino que sus iniciales o algún mote irán saliendo a lo largo de este «pequeño proyecto» que quién sabe, quizá algún día sea leído por mucha más gente de la que imaginaba.

En este relato también es probable que sea necesario mencionar mi profesión, que como dijeron dos buenos amigos y compañeros de la carrera en el discurso de fin de carrera en 2014 cuando nos graduamos en la Universidad Complutense de Madrid, «la enfermería es la profesión más bonita del mundo»; yo la defino muchas veces como hizo una de las madres de la enfermería Florence Nightingale, que acuñó el término de enfermería como ciencia y arte, «el arte del cuidado». No desvelaré dónde trabajo, pero sí puedo mencionar que soy especialista en pediatría y actualmente llevo varios años en la unidad de oncohematología pediátrica de un hospital público de Madrid.

Muchos de los relatos que aparecen están inspirados en niños y familias que a diario comparten con nosotros sus vidas durante un largo periodo de tiempo mientras sus hijos y sus familias luchan contra una maldita enfermedad que todos conocemos como cáncer.

Creo que con este pequeño resumen vital os podéis hacer una idea de mi vida actualmente y también de dónde vengo; si te interesa, que espero que sí, me dispongo al desarrollo de varios micro relatos, algunos alegres, otros muy tristes y otros agridulces, pero todos ellos enriquecedores y me han ayudado a ser la persona que soy hoy en día, no perfecta por supuesto, pero sí más sensible y fuerte a la par.

Gracias a todos los que me habéis acompañado para ahora poder dar luz a todas estas historias, a veces no ha sido fácil y he pasado mucho miedo... Pero hace poco escuché que lo que te da miedo suele merecer la pena.

Así que, vamos a ello, con miedo, pero con ganas escribiré estas historias...

Gracias a mi madre y a mi hermano, por existir y estar siempre.

A mi sobrino por haber aparecido en nuestras vidas, vas a ser un tío muy grande, de eso estoy segura, eres mágico.

Al resto de mi familia, que espero que lean estos micro relatos algún día.

A mis amigos, que más de uno es casi más incondicional que la familia... Entre ellas mis *muymes*, ellas saben quiénes son y por qué lo digo... Gracias.

A mis compis del curro, tanto a mis colegas de profesión las auxiliares y enfermeras, como al resto del personal del hospital: limpiadores/as, cocineros/as, celadores/as, médicos/as, técnicos/as, alumnos de diferentes disciplinas... Por hacer posible que muchas familias salgan adelante y por hacerlo en equipo y con mucho amor. De la mayoría de vosotros he podido aprender algo bonito siempre.

A nuestros pacientes, porque desde el más canijo al más «aborrescente» luchan cada día haciéndolo lo mejor que pueden y nos enseñan en esa lucha lo mucho que merece la pena vivir.

A mi psicóloga Teresa, por apoyarme y enseñarme que se puede ser muy bella siendo tú misma e imperfecta, y por darme todas las herramientas que necesitaba, entre otras cosas para empezar a escribir este pequeño proyecto.

Y por supuesto... a ti, *Dadycool*, sin ti no hubiera aprendido a valorar todo lo que tenía, te habrás ido antes de tiempo, pero sin saberlo, me has enseñado una de las lecciones más importantes, vidas solo tenemos una, y hay que vivirla, lo bonito y lo no tan bonito. Te sigo queriendo y amando profundamente todos los días de mi vida y ojalá puedas vernos desde Casiopea.

El inicio del cambio...

Un 20 de octubre de 2020 madrugué y salí a correr cerca de un parque que por aquel entonces estaba cerca de la casa en la que vivía, era muy temprano y por alguna extraña razón estaba un poco ansiosa y madrugué antes de entrar al curro para despejarme corriendo un poco.

Fue raro porque mi madre no me dio los buenos días para asegurarse que no me había dormido, aunque nunca lo he hecho, pero ella me sigue escribiendo. Es verdad que el día que no lo hace me extraña más a mí. Estaba por aquel entonces trabajando en la urgencia de mi hospital, y decidí en una pausa llamarla porque no me contestaba a los *WhatsApps* y eso ya sí que era raro.

Resulta que estaban en el hospital, mi padre se había mareado y a pesar de lo que decía el informe que pude ver desde mi hospital, la exploración era normal en el momento que llegó la ambulancia, pero había que seguir estudiándolo. Yo pensaba que le habría dado un ictus o un infarto, pero nada estaba muy claro...

Pasé la mañana preocupada y sin ninguna noticia nueva, al volver a mi casa que compartía con una de las personas más maravillosas que he conocido, que por aquel entonces era aún mi pareja desde hacía varios años, estaban él y mi madre esperándome para que me sentara junto a ellos, en el sofá del salón.

Solo entendí tres cosas, que mi padre se iba a quedar ingresado, que tenía una masa en la cabeza «la masa», así lo llamaban. Qué horror, pensaba yo... y que lo teníamos jodido, y sentí que mi vida se tambaleaba. Hice una pequeña maleta y me fui con mi madre al hospital, recuerdo oír a mi ex pareja mientras hacía la maleta en el cuarto de al lado al salón decirle a mi madre que por qué no lloraba o decía nada. Mi madre le decía «creo que Elena está en *shock*...».

Y en *shock* me quedé durante esos ocho meses que mi padre estuvo enfermo con un glioblastoma de alto grado que poco a poco fue deteriorándole, hasta dejarle en silla de ruedas y los últimos días postrado en la cama eléctrica tipo hospital que mi madre alquiló para poder atender mejor a mi padre.

Mi padre se fue un 6 de junio de 2021 de madrugada, apenas sin molestar, rodeado de sus seres queridos, se fue tranquilo y creo que en paz...

El último bolo de mórfico de rescate que le administré, según la pauta que seguía por el equipo de paliativos, le dejó tranquilo para poder irse al lado de mi madre, y mi hermano y yo intentando dormir en la habitación de al lado en la cama de mis padres. Aquello parecía la cama caliente; por la noche, uno de guardia y los otros dos dormidos y a mí de vez en cuando me tenían que despertar porque la bomba de perfusión que tenía no era suficiente a ratos para mantenerle confortable.

Y en *shock* seguí mucho tiempo después, quería retomar la vida de antes del COVID y de que mi padre enfermara, a toda costa. Intenté hacer como si nada, seguir siendo la misma persona alegre y sonriente de siempre... Lo intenté con todas mis fuerzas, y a veces pensé que lo conseguía.

Al poco tiempo fui a terapia y la primera psicóloga a la que acudí por este motivo, me aplaudió en la cuarta sesión por llorar «por fin», no volví a ir allí, me pareció una falta de empatía absoluta. Evidentemente estaba negando mi situación y solo hablaba de mi madre y de mi hermano, de que estaba preocupada por todos, pero casi nunca hablaba de mis sentimientos directamente.

Mi mejor amiga SS, que me conoce desde que nací porque ella es dos años mayor que yo, llevaba tiempo diciéndome que tenía que expresar y llorar más, aunque fuera en casa... Ella ya había perdido a su madre hacía varios años. Pero la verdad, me daba miedo romperme y no ser capaz de volver a levantarme... Así que, intenté en balde seguir como pude muy torpemente, con muchos esfuerzos, chupando mucha energía vital y con muchos altibajos... Y haciendo que los de mi alrededor vieran que sufría pero en silencio, mi sonrisa ya no era la misma.

Todo esto se tradujo en soportar una presión insoportable, una crisis personal bastante importante, una ruptura sentimental, vuelta al domicilio materno, muchos conflictos internos y una baja laboral por sobresaturación de la vida en general.

Mi madre, mi hermano, mi cuñada, mi sobrino, algunos tíos de parte de madre, y mis *muymes* y algún amigo más (ellos saben quiénes son), fueron mi principal fuente de apoyo, más que nunca los estaba necesitando. Efectivamente me había roto, pero no en ese momento, me había roto mucho antes pero no había dejado verlo del todo a los demás. Así que la caída y el estallido fue mucho más en picado.

Con esto no me gustaría dar pena, sencillamente explicar que los duelos como todos ya sabemos son complicados y cada uno los gestiona como puede... Pero desde luego no transitarlos a tiempo o cuando se pueda, es un dolor que puedes ir arrastrando durante mucho tiempo incluso años, décadas... He conocido gente que lo ha estado reprimiendo hasta 15-20 años después... Con sus épocas mejores y peores.

Así que, aunque da mucho vértigo y un miedo horroroso, desde estas historias, animo a todo aquel que tenga pendiente despedirse de un ser querido, o lo que es lo mismo, un «duelo pendiente» coja fuerzas y lo transite a ser posible cuanto antes, para poder seguir viviendo sin sentirse culpable o triste.

Pero sin tener prisa por pasarlo, eso es algo importante que también aprendí, los duelos llevan su tiempo y cada persona lo hace como puede y en el tiempo que necesita, incluso puede estar fraccionado en el tiempo.

Índice

Historias de unos enanos muy pelones…

Tengo a varios peques y familias en mente y aunque por razones obvias no puedo detenerme en todas las historias, voy a hablar de algunas que aún resuenan en mi cabeza y en el corazón, ya sea por cariño o por lo impactante que resultaron ser. Pero en general todas están llenas de amor…

Empezaré por una persona muy tierna que me viene a la mente… Mi gitana…

Capítulo I

Mi gitana...

Ella era todo, belleza por fuera y por dentro, adolescente, guerrera, ojos verdes, pelito corto a consecuencia del cáncer, que más tarde se la llevaría por delante, y sobre todo... era un persona bonita y divertida.

Mis primeras interacciones con esta persona tan bonita fueron extrañas a la par que entrañables, sufría un cáncer con difícil desenlace... Y lo mejor o peor de todo es que ella ya lo sabía. Sufría fuertes dolores, y no siempre los podíamos controlar a tiempo no sé si por el dolor agudo a la par que crónico que presentaba o por la fuerte ansiedad que debía padecer, pero escondía con su sonrisa.

Se levantaba tarde, tipo 13:00 de la tarde fuera el día de la semana que fuera, se despertaba con bastante buen humor si no le habías despertado previamente poniéndole la medicación o lo que fuere... Ella confiaba plenamente en nosotros, sus cuidadores, y en su madre que estaba siempre a su lado. Familia extensa y madre luchadora. A veces venían sus hermanos a verla también.

Tengo varias historias con esta persona, pero mi momento favorito y por lo que siempre me acordaré de ella era cuando entraba a su habitación y le decía: «Buenos días, princesa», y ella con una sonrisa te decía: «Buenos días, mi *malacatón chulahh*». Me enamoraban esas palabras. Me hacía sentir que estaba haciendo algo bueno en mi trabajo ya solo por tener la oportunidad de compartir el tiempo, valioso tiempo para muchos, con personas como ella.

Un día, después de haberte observado muchas mañanas levantándote con tu música a todo meter, viéndote cómo recogías tu cuarto con desparpajo y te hacías la cama con las sábanas limpias, se me ocurrió preguntarte que por qué no te levantabas antes para aprovechar el día, y me soltaste con tu preciosa sonrisa… «Para qué me voy a despertar antes si los días no cambian y el final va a ser el mismo, prefiero ir con calma». Me dejó de piedra. Ella ya sabía el final de su historia y no opuso resistencia, así que con la resignación que caracterizaría más a un adulto que a una adolescente joven, ella sonreía a la vida y se reía de ella también.

Cuando estabas lista para afrontar el día, ya duchada, te gustaba ponerte bajo la puerta de tu habitación, asomando la cabecita pegada a tu bomba de perfusión y dando frases de ánimo a todo aquel que pasara. Alguno que otro sé que se quedó prendado con tus encantos.

A veces, con esa labia que tenías, conseguías liarnos, pero eso era parte de tu encanto. Hacía que bajaras con ella a todas las pruebas a pesar de que no estuviera indicado, con tal de que llevaras el mórfico y la bomba de perfusión debajo del brazo por si le entraba el pánico o el dolor.

En fin... podría extenderme en esta personita mucho tiempo, y ojalá que siguiera aquí con nosotros, aún me acuerdo del día que te pinté las uñas de cinco colores y nos hicimos aquella foto, la foto. Que siempre quedará en mi recuerdo. Una pena que personas tan bonitas como ella se fueran antes de tiempo, era muy guerrera y estoy convencida de que hubiera estudiado como ella decía y tenido una vida plena. Me conformo con haberte conocido como tantos otros. Y algún compi sé que lleva un tatuaje en honor a ti y a otros, pintado en su piel... No era para menos, aquel verano fuisteis muchos los que nos llegasteis al corazón para luego partir...

Te quiero y te extraño, gitana.

Capítulo II

El que hubiera sido un futuro surfero roba novias

Ese mismo verano desempeñando mi labor como enfermera de oncohematología en la planta de adolescentes, le conocí a él. Curiosamente, como suele suceder en estas plantas, nuestro comienzo de la relación fue extraño... No le llevaba yo como paciente a esta personita, pero a una compi se le había torcido el cogerle una vía venosa y entré yo en juego. No le conocía de nada en absoluto, estaba «recién llegado» y todavía tenía su largo pelazo y no tenía reservorio vascular, así que había que pincharle en el brazo, aunque fuera una dolorosa carta de presentación por mi parte.

Él era divertidísimo, también sarcástico, para lo joven que era tenía un humor muy adulto y eso era lo que le hacía tan especial. No sé cómo llegamos a un punto de encuentro en el momento que le iba a pinchar, me dijo que era del norte y que su padre le estaba haciendo una tabla de surf a su medida de los colores que él había elegido, para que pudiera surfear la vida cuando se curase. Ya con lo del surf a mí me ganó, siempre me han gustado todas las actividades acuáticas y si es en el mar, más aún.

Su madre, que posteriormente se convertiría en algo parecido a una amiga, nos miraba de forma entrañable viendo cómo se desenvolvía la conversación y se intentaba normalizar algo que era terriblemente «anormal»: ver a su hijo enfermo y con un pronóstico no muy bueno y encima cada día con una cosa nueva. Creo que aún se asombra de la fortaleza que tuvo este pequeño adolescente para afrontar todo... Y también sus últimos días.

En el momento extraño, el del «pinchazo», hablamos también de lo que habías hecho aquel verano antes del diagnóstico, te habías ido fuera de España a un campamento para aprender inglés, y te habías enamorado, creo que, por primera vez, de una chica extranjera que te tenía loquito. Pero tú no quisiste contarle lo que te estaba sucediendo, no recuerdo bien si alguna vez se lo contaste. Espero que sí, porque conociéndote, seguro que esa chica se quedó con ganas de saber de ti, y tu silencio debió de costarle un rato.

Tenías días en los que estabas más meditativo, como buen adolescente, centrado en ti mismo y en tu mundo interior. Pero otros días, te alocabas y era muy divertido entrar en tu habitación sonando la música a tope mientras bailabas frenéticamente pegado a la bomba de perfusión, vestido única y exclusivamente con el pijama medio transparentoso que te dábamos en el hospital... Te encantaba hacerte ver y hacerte un poco el loco.

Fue una experiencia maravillosa tener la oportunidad de conocerte aquel verano junto al resto de tus compis de planta, eráis todos muy especiales... Y conocer a tu familia también, a la que más pude conocer junto a ti fue a tu madre. Guerrera donde las haya, espero que esté bien con tu hermana pequeña, porque te querían infinitamente, entiendo que no debe ser fácil seguir sin ti. A mí me consuela que siempre fue un regalo haberos conocido, aunque fuera por poco tiempo.

Pero es verdad que contigo siempre me quedé con una sensación de querer pedirle más a la vida, de pena, no solo porque no salieras adelante como muchos otros, sino porque sé que te hubieras comido el mundo y me hubiera encantado seguir tus pasos, aunque fuera de lejos por una ventanita pequeña... Me conseguiste vacilar bien fuerte varias veces... Y eso no es tan fácil, tu humor era excepcional... Descansa, enano, ¡vales mucho siempre!

Capítulo III

Ella con su pelo largo

Durante aquella canícula no fueron todo malas noticias. Ella ingresó en mitad del verano con un nuevo diagnóstico que no tenía muy buen pronóstico. Aún recuerdo la cara de la madre el día que les dieron las malas noticias, la visualizo en el pasillo sentada en un banquito, intentando no colapsar para coger fuerzas y seguir sonriendo cuando entrase en la habitación con su hija pequeña pre adolescente.

Era aún una cría de pelo largo cuando entró, muy alta y delgada a consecuencia del cáncer que posteriormente le diagnosticarían. Era un poco tímida al principio, pero siempre muy sonriente, a ella le costó entrar en el juego, pero poco a poco se fue haciendo más fuerte de lo que ya era...

También le gustaba pintarse las uñas en la terraza con la gitana junto al resto de sus compis de la planta. Se reían por las noches en sus reuniones nocturnas comiendo pipas o lo que fuere y había que llamarles la atención para que se fueran a la cama medianamente temprano. Las mascarillas a veces brillaban por su ausencia, eráis un poco rebeldes. Así luego sucedía, no había quién las despertara a las bellas durmientes antes de la una del mediodía. Pero quiénes éramos nosotras para negarles lo único que les quedaba, disfrutar de la interacción humana entre iguales mientras vacilaban a las auxiliares y enfermeras del turno de noche... ¡Grandes, sois unas grandes!

Al poco de empezar con el tratamiento se fue cayendo tu pelo kilométrico y sé que te costó, era una melena oscura y larga, y de repente se estaba cayendo toda a la vez... Aun así, tu cara seguía siendo sonriente y preciosa. Me sentía un poco identificada contigo en este aspecto, en concreto porque a mí siempre me ha gustado llevar la melena larga como a ti, e imagino que también me costaría este paso, a pesar de ser un contratiempo nimio en comparación al problema al que te estabas enfrentando.

A día de hoy la veo de vez en cuando por los pasillos acompañada a veces por su madre, otras por su padre o por sus dos hermanos mayores... A los cuales a veces jugábamos a encontrarles novia dentro del personal de enfermería más joven de la planta. Era una forma de pasatiempo que nos entretenía las largas horas que pasabais en el hospital. Tus padres entraban en el juego y me decían que «a ver si yo podía hacer algo con ellos, que no había manera de colocarlos». Pobres, eran demasiado educados como para mandarnos a la mierda mientras se ponían rojos por la situación a la que les estábamos exponiendo.

Pero todo eso lo hacíamos para seguir viendo tu sonrisa iluminar la habitación donde te tenías que curar.

Es que encima eras la pequeña de la familia y te estaba tocando vivir algo muy duro. Pero no sabíamos que eras tan fuerte como para superar algo que en principio no le habían dado muchas salidas.

Así que, princesa de pelo largo y guerrera, me alegra siempre encontrarte por los pasillos y ver a la mujer en la que te estás convirtiendo, nos ayuda a todos a poder seguir cogiendo fuerzas y seguir acompañándoos en vuestro proceso.

Gracias por siempre tener esa sonrisa y por hacerme esas figuritas tan chulas con la arcilla polimérica que te regalé, para que pasaras las tardes mientras yo, afortunada, disfrutaba de mis vacaciones de verano. Este proceso te hizo más fuerte y estoy convencida que llegarás lejos, hasta donde tú quieras. Y espero que tus hermanos mayores hayan encontrado parejita, si es que así ellos lo deseaban y así tus padres estén tranquilos por las tres partes.

Pasado un tiempo desde que escribí este capítulo, me he encontrado hace poco contigo por los pasillos, seguías sonriente como siempre. Pero me informaste de tu recaída, aún así te vi fuerte y segura, como siempre. Así que desde aquí te mando muchas fuerzas y ánimo, para que sigas combatiendo este segundo asalto con la misma fortaleza que el anterior.

Capítulo IV

Tú, un niño metido en el cuerpo de un adolescente

Aún recuerdo tu carita esos primeros días... Eras majísimo pero muy nervioso, y eso en una planta de oncología no ayuda, teniendo en cuenta que hay que vivir el día a día... Así que lo siento, pequeñajo, te tuviste que adaptar a algo que no iba contigo.

Siempre acompañado por tu madre y tu abuela, las dos se desvivían por ti, y tú empezaste siendo un poco contestón y protestón como símbolo de rebeldía por todo aquello que te estaba sucediendo. Recuerdo un día llamar a la orden de la ley porque también cogiste la mala costumbre de quejarte a la gente que te estaba cuidando por hacer su trabajo. Imagino que fuimos varias las que te pusimos los puntos sobre las «ies». La verdad que fue muy efectivo, aunque sé que esos días te caí un poco mal, era necesario que entendieras que ninguno de los allí presentes quería que sufrieras más de lo necesario y que estábamos ahí para cuidarte y acompañarte, y eso lo tenías que comprender, bombón.

El resto del tiempo fuiste superando todas las etapas con apoyo y esfuerzo, y a veces con tu ansiedad anticipatoria que tanto te caracterizaba. Enhorabuena porque como todos tus compis luchaste hasta el final, y en tu caso hasta hace bien poco, obtuviste buenos resultados.

Una pena que me haya enterado en la cena de Navidad del hospital que nos abandonaste repentinamente en el colegio. Siento que haya sido todo así, no te tocaba como a ninguno de vosotros, y lo peor es que mi mente ya te tenía a salvo cuando me encontré contigo yendo a la consulta hace menos de un mes acompañado por tu madre y abuela, y ¡qué guapo y mayor estabas!

Aún me cuesta un poco hablar de ti, la verdad, como todos, no me esperaba este final para ti.

Descansa, campeón, eres auténtico.

Capítulo V

Otro personajillo, pero este era más pequeño cuando todo empezó

Padres maravillosos, un niño que ni siquiera se podía considerar preadolescente por aquel entonces. Venían de fuera de Madrid, familia ejemplar, colaboradora y súper guerreros como el resto.

Cara de pícaro y suerte la tuya que conseguías evadirte bastante jugando a tus juegos de la *Play*, pero siempre tenías alguna bromita que soltar. Nervioso también un rato, aún no sé cómo consiguieron tus padres contenerte entre cuatro paredes cuando te tocaba ingresar. Divertido, guapo, vacilón... En fin, un completo y encima acompañado de unos padres maravillosos, qué más se puede pedir... SÍ, algo SÍ se puede pedir, que todo salga bien.

Y en tu caso, pequeño guerrero, lo conseguiste, te seguimos viendo por los pasillos y nos encanta que vengas a vernos y hacernos una foto contigo, pareces un famoso que haya superado el cáncer. A tus padres la última vez que les vi se les veía pletóricos junto a ti, la vida, no como a otros, les había regalado otra oportunidad y estoy convencida de que la estáis aprovechando al máximo.

Hace poco recibí un mensaje precioso de tu madre por *WhatsApp*, decía así «Hace tres años que le hicieron a RR el trasplante de médula. Hoy es tu tercer cumple vidas!! Gracias por tu apoyo y cariño, nos ayudó enormemente a seguir adelante». Solo con este mensaje ya nos podemos hacer a la idea de los padrazos que tiene RR. La conversación fue acompañada de alguna foto tuya en la que tienes la misma cara de pícaro, pero un poco más adolescente y desenfadado. Guapo como siempre y pose vacilona.

Después de mandarle este capítulo a tu madre, me contestó al momento con la dulzura que le caracteriza y me puso los pelos de punta con este mensaje:

«Tu camino hacia el crecimiento comenzó hace tiempo y con eso tienes mucho ganado. Eres una persona muy especial y contigo hemos vivido los momentos más bonitos, cuando me trajiste el kit de manicura o cuando me arropaste cuando estaba enferma en la otra cama. Y ni te cuento con RR, agradecidos de haberte tenido cerca. Te queremos».

Después de leer este texto cuando aún me faltaban capítulos por escribir, me volvió a contestar:

«Ya lo he leído, no podía resistirme. Me han emocionado todas las historias. No te puedes imaginar el agradecimiento y cariño que se ha quedado para siempre en nosotros. Y gracias por tus palabras».

Con esto no quiero echarme flores a mí misma, pero sí recalcar que es importante que los profesionales no nos olvidemos que todo niño tiene una familia detrás o, mejor dicho, por delante. Imprescindible que se sientan fuertes, acompañados y cuidados para que todos los días tengan la energía necesaria para acompañar a su peque en este proceso tan difícil. No creo que sea algo exclusivo de los pacientes pediátricos, la gran mayoría de las personas, por suerte, tenemos relaciones de apoyo, ya sean amigos, padres, madres, hermanos, pareja o familiares cercanos o lejanos. Lo importante es cuidar también siempre de los cuidadores principales, que, aunque no lo deseen, también se agotan en todo este proceso. Y es importante cuidarles igual o más que a los peques, porque a sus hijos generalmente ya se encargan ellos de darlo todo por ellos. Así que, si cuidamos de las familias, yo entiendo que indirectamente estamos cuidando también de su ser querido guerrero.

En el caso de mi familia cuando mi padre estaba enfermo, tuvimos muchos apoyos de amigos y familia. Las amigas de mi madre, «las chicas de oro», así las llamo yo, fueron cuatro y ahora son tres. La cuarta era Belén la madre de mi mejor amiga de toda la vida, que se fue hace años también a causa de un cáncer teniendo cinco hijos, supongo que no fue nada fácil dejarse ir con tantas personitas a su cargo y despedirse de su marido. La hija más mayor era mi mejor amiga SS, que con veintipocos tuvo que ejercer un poco de madre y también de hermana mayor. Los otros tres chicos entre medias también personitas maravillosas, y Flor, así la llamamos con cariño, la más pequeña que no llegaba a los diez años, se tuvo que despedir también de ella, su madre, como el resto.

Las chicas de oro, Marta y Soraya, SÍ las nombro, porque no merecen menos, se portaron excelentemente bien con mi familia. A mi madre, a pesar de que no se le da mal cocinar porque son muchos hermanos en su casa, nunca le gustó hacerlo. Y Marta y Soraya que la conocen perfectamente, nos preparaban todas las semanas comiditas ricas para alimentar a toda la familia, a mis padres e incluso a la familia de mi hermano y a mí y al que por aquel entonces era mi pareja, nos llegaban también las cantidades ingentes de comidas que hacían para cuidarnos a toda la unidad familiar. Y ¡qué comidas! Creo que no había comido tantos platos elaborados a diario, nunca. Incluido los postres sabiendo lo golosos que éramos mi padre y yo.

Mi tía José, esta también va con nombre, nos hacía un cocido semanalmente, viajando la olla exprés de una casa a otra cada fin de semana. Y algún que otro flan también nos hizo. Teniendo en cuenta que lo que más feliz le hacía a mi padre por aquel entonces era comer, digamos que nos estaban haciendo un regalo de cuidados «en comiditas ricas y apetecibles». Así que, gracias chicas de oro y tía José por apoyarnos y, sobre todo, por cuidar a nuestra cuidadora principal, que en este caso era mi madre.

Nos hicisteis la vida un poquito más fácil gracias a vuestros platos, incluso alguno de los hijos de las chicas de oro nos hizo algún postre rico también. Y otro de ellos le ayudaba a mi madre a subir y bajar en silla de ruedas a mi padre por las escaleras del portal cuando no estábamos ninguno de nosotros para ayudar a mi madre. Así que GRACIAS, y espero que ya lo supierais, pero por si no os lo he dicho nunca, las chicas de oro y mi tía Coke (la tía José), estaré para vosotras y los vuestros, siempre que lo necesitéis.

GRACIAS también a mi tía José y mi tío José Antonio, su marido, que junto a mis primos no faltaron ningún fin de semana a visitarnos. Vuestras visitas semanales nos daban aliento para seguir luchando a contra corriente. Aún recuerdo con cariño los aperitivos en las terrazas divididos en tres o cuatro mesas porque era época post COVID. Y cuando mi *Dadycool* dejó de poder moverse muy lejos de casa, tomábamos el aperitivo junto al resto de tíos, hermanos de mi madre, y primos, en los bancos de piedra donde diera el sol en la urbanización donde vivían mis padres.

Gracias a mi tío, el hermano de mi padre, por venir a pasear con él todas las semanas llevándole en su silla de ruedas dando un paseo hasta las pastelerías más caras de toda la Gran Vía del pueblo donde viven mis padres.

Y por supuesto, gracias al resto de mis amigos y personitas que en aquel momento me acompañasteis en este proceso. Aunque sé que no me dejé cuidar del todo, estuvisteis ahí al pie del cañón intentando que no me rompiera de golpe. Os quiero muchísimo a todos, que lo sepáis.

Perdona RR por haber incluido a toda mi familia y a la gente que quiero en este capítulo. Supongo que no os molestará, porque después de todo creo que os quedó bien claro, aunque ya lo sabíais, porque se veía que tus padres eran bien generosos, que la VIDA COMPARTIDA, se hace más FÁCIL y SABE MEJOR. Me alegra tanto que os vaya así de bien, sigue disfrutando la vida, bombón, eres un tío muy grande.

Capítulo VI

GR, si tu pequeñajo que estarás volando por algún sitio bonito

GR era de fuera de Madrid, ingresó acompañado por sus padres y su hermanito mellizo. Desde el principio el pronóstico era bastante malo, así que por desgracia me recordaba a una frase que decía alguien que quiero: «Esto es cómo remar a contracorriente para acabar ahogándote en la orilla». Pues así fue con este pequeñajo.

Familia muy fuerte, muy valiente, colaboradores... Pero por desgracia tu enfermedad no estaba dando tregua... Aún recuerdo el primer día que te ibas a radioterapia a otro hospital estando ingresado con nosotros, tardó muchísimo la ambulancia, pero eso solo fue el primer día. Cuando regresasteis al hospital, tu padre ya se había hecho con el teléfono, el corazón y el alma del conductor de la ambulancia para que todos los días os recogiera y os llevase a la misma hora a la radio. Qué picardía tiene tu padre, maravilloso que exista gente así, con esa capacidad de hacer del conflicto, una oportunidad, una fortaleza, GR no volvió a llegar nunca tarde a radioterapia gracias a su padre.

Pero lo que pudimos hacer por ti no fue suficiente, llegaste siendo un peque, y te fuiste bastante más afectado de lo que llegaste. Tus padres fueron muy valientes al llevarte con ellos a vuestra casa lejos de aquí en Cartagena, para cuidarte en tus últimos días, muy duro, yo lo hice con mi padre y no me imagino la fortaleza mental que hay que tener para hacerlo con un hijo y su hermanito mellizo en la misma casa.

Me consta que te fuiste en paz y en calma, pero también me consta que como a todos, se te sigue echando mucho de menos, y que a mí y a todos, nos supo a poco el tiempo que pudimos compartir contigo. Tenías también muchas capacidades a pesar de tu corta edad, se veía que entendías muchas cosas que a otro peque se le escaparían de su entendimiento, eras especial, como muchos de los otros guerreros.

La verdad que me llegaste duro al corazón porque coincidió al poco tiempo de que mi padre se fuera también a Casiopea. Así que os llevaré siempre conmigo, con mucho cariño y deseando que tu familia y tu hermanito mellizo salgan adelante.

Cuídate enano, sé que desde aquí te siguen echando mucho de menos a diario, y aún nos preguntamos cómo hubieras sido de mayor, otro pícaro, seguro. Y buena persona también, como tus padres.

Capítulo VII

Otra enana roba corazones, la pelirroja

Lo de pelirroja lo descubrimos después de su curación porque ella ingresó con escasos cuatro meses, y por aquel entonces solo tenía pelusilla. Resultaba asombroso lo pequeña y lo fuerte que eras a la par... Eras la enana de la planta y ya como de la familia, porque al ser tan peque te daba poco tiempo a recuperarte entre quimio y quimio. Así que tú y tus padres os convertisteis en parte de la planta y, como no podía ser de otra manera, de la familia.

Ella estuvo mucho tiempo ingresada con nosotros, hasta tal punto que muchos fuimos testigos de sus primeras palabras y sus primeros pasos pegada a una bomba de perfusión andando torpemente. A día de hoy cuando vienes a revisión no hay quien te pille, corres que te las pelas por los pasillos de un hospital que creo que no recuerdas mucho... Pero sé que tus padres sí.

Muchas horas hemos pasado hablando con tus padres, cómo hablarías con un familiar tuyo que está preocupado por lo más importante de su vida, su hija pequeña. Tu hermana mayor también venía a verte cuando se podía.

La pelirroja fue luchando y creciendo con nosotras, y a día de hoy está estupendamente. Los padres también están pletóricos cada vez que vienen a vernos de visita. Y de visita queremos que siga siendo.

Tus padres te quieren con locura y lo pasaron muy mal durante el tiempo que estuviste enferma, de hecho, tu padre es otro de los que aún me pregunto cómo conseguimos mantenerle encerrado entre cuatro paredes el tiempo que estuviste en tratamiento. Todo era cuestionado y debía tener su razonamiento. También había que entender que tú eras su pequeña, una de las personitas más valiosas de su vida y de pronto estabas enferma. Así que sí, aunque hubiera días que teníamos menos paciencia, lo entendíamos. Tu madre al menos parecía más tranquila que él, pero también la procesión iba por dentro.

Tengo muchas anécdotas con tu padre, porque con su nerviosismo a mí me ha intentado sacar de mis casillas en varias ocasiones, incluso creo que alguna vez lo consiguió, pero siempre desde el cariño y el respeto nos disculpamos. Si mal no recuerdo, alguna vez le mandé irse a correr a un parque que hay cerca de nuestro hospital, para que se oxigenara y viniera con energías nuevas, y a veces, solo a veces, me hacía caso.

Los ingresos tan largos están llenos de una alta carga emocional y todos acabamos a veces perdiendo los nervios. Lo siento, padre, aunque reconozco que también era divertido, llevaros como familia a veces suponía un gran reto. Al final dejó de serlo para convertiros en parte de la familia, y ya se sabe que, a la familia, aunque no quieras, se le acaba consintiendo un poquito más que al resto, así que digamos que no fue tan duro como al principio pintaba.

Me alegra muchísimo que estés curada, pelirroja, nos encanta hacernos fotos contigo para luego enseñárselas al resto del personal de la planta, mientras sonríen con añoranza recordando los momentos vividos contigo y tus padres por las habitaciones del hospital.

Y qué ganas de que crezcas y podamos ver en la personita que te convertirás. Tengo curiosidad. Para todos es una ilusión muy grande volver a veros cuando venís a revisión y ver cómo avanzas y cómo creces.

¡¡Enhorabuena, familia!! Aprovechad esta oportunidad que os brindó la vida. Tenéis dos pequeñas pelirrojas preciosas y sanas para disfrutar todos los días.

Capítulo VIII, IX y X

Pack de tres...

Es curioso, hay muchas temporadas en oncología que parece que los pacientes van en paquetes de familias, ¿a qué me refiero con esto? A que se unen para hacer más fuerza y apoyarse. A veces es más duro porque no todos salen adelante, pero estos tres pequeñajos de los que voy a hablar a continuación salieron adelante después de muchos esfuerzos y lucha continua. Las tres madres estaban más unidas que las tres mellizas y gracias a su empeño y su fuerza, sus hijos pudieron salir adelante.

Se unían a ratitos en los rellanos del hospital para comentar el día a día y eso les daba el aliento suficiente para seguir adelante. Bueno eso, y, sobre todo, supongo que ver cómo sus peques poco a poco iban saliendo adelante, con más o menos dificultad.

La verdad, disfruto viendo cómo se apoyan este tipo de «packs de familias» porque muchas veces pueden ser un apoyo más fuerte incluso que el que aportan sus propias familias o los profesionales sanitarios. Porque, al fin y al cabo, todos están metidos en el mismo *fregao*. Así que entiendo que, si la situación se tercia, es una situación perfecta para compartir experiencias con otras personas que, sin querer, empiezan a formar parte de tu familia, aunque sean completos desconocidos en realidad.

La UNIÓN hace la FUERZA, supongo...

Capítulo VIII

El rubio pelo loco de colores

Sí, llegó tu turno, pequeño torbellino rubio con el pelo teñido de distintos colores cada día ya que se iban decolorando con el paso de los días. Este pequeño personaje es una de las personas con más energía vital que he conocido en mi vida, tiene varios hermanos y una mamá muy joven, todo lo que tiene de joven lo tiene de luchadora, y espero que ella así lo piense y lo sienta.

MA, o el rubio, es una personita un poco pequeña, esmirriado y con cara de pillo y junto a él hemos compartido muchas anécdotas. Te encantaba actuar y darles drama a tus historias. Aún recuerdo la vergüenza que nos hacías pasar los días que te dábamos el alta y te «desconectábamos de la bomba de perfusión» a la cual «en contra de tu voluntad» te veías obligado a permanecer pegado, con toda la energía que tú tienes metida en ese cuerpito tan pequeño...

Saltabas, corrías de un lado para otro, toda la planta ya se había enterado de que, a MA, el rubio pequeñajo de la planta le habían dado el ALTA POOOR FIIIINNNN. Y cuando nos queríamos dar cuenta ya habías salido de la planta para ir al pasillo principal, con el resto de familias ajenas a tu historia, para gritar:

«¡¡¡Soy libreee, SOY LIBREEEEE!!!».

Parecía que llevábamos días maltratándote, y en realidad estabas celebrando que habías superado un ciclo más y podías salir a respirar el aire puro y desfogar toda esa energía vital que te caracteriza.

Otro día que si mal no recuerdo ni si quiera estaba en tu planta trabajando, pero nos enteramos que estabas en otra sala ingresado e íbamos a verte. Estabas en huelga de higiene personal, para variar. Parecías el niño de la película *La vida es bella* y no te querías bañar nunca como si el agua te diera alergia. Recuerdo acercarme a darte un abrazo y olías un poco a vinagrillo, le pregunté a tu madre que hacía cuánto no te duchabas, y la respuesta, no sé por qué, pero no me sorprendió del todo viniendo de ti.

Pero se te había infectado el reservorio venoso recientemente y no estábamos para escatimar en temas de higiene personal... Así que con el permiso de tu madre e intentando explicártelo, te metí junto a otra compi que también te quiere mucho, debajo de la ducha en contra de tu voluntad. Y gritaste como un gorrino en una matanza que iba entrando gente en la habitación para ver si estabas bien, cuando veían que era tema de duchas, abandonaban la habitación ya que, evidentemente, no era tan grave como los gritos que estabas dando.

Además, ese día, nos dijiste algo muy curioso: «Que las enfermeras de mi planta éramos las más pesadas y nunca te dejábamos en paz...». Recuerdo que cuando empezamos a explicarte que éramos pesadas porque te queríamos mucho y por eso hacíamos cosas que no te gustaban pero que te venían bien, te calmaste ligeramente. Te dije también que algún día cuando fueras mayor entenderías lo que te estábamos diciendo.

Aun así, seguías enfadado cuando te sacamos de la ducha y te íbamos secando con la toalla junto a tu madre. Lo peor vino después, no habías parado de moverte y tuvimos que cambiarte todos los apósitos mojados que llevabas puestos, eso te gusto casi menos que la ducha. Cuando estábamos terminando te prometí que en compensación te llevaría una sorpresa el próximo día que fuera al trabajo, y así fue, y así creo que fue como me perdonaste.

El rubio tiene demasiada energía para lo pequeñín que es, le encanta teñirse el pelo de colores, es un poquillo macarrilla y tiene mucha labia. Vamos que, con su tamaño y su encanto, nos tenía a todas compradas. Le dieron el alta hace tiempo y sigue en seguimiento, por lo que nos cuenta su madre tiene a su profesora frita, porque si ya tenía energía de antes, ahora después de superar el cáncer, se despertó más fuerte que nunca. Creo que tiene a toda la clase revolucionada, y supongo que su profesora habrá días que acabe rendida con este pequeño bichillo. Pero seguro que su vida es menos aburrida desde que el rubio volvió a aparecer en su clase…

Sigue dando guerra, bicho, te queremos tal cual eres, ALMA LIBRE y espero que así siga siendo.

Capítulo IX

La pequeña redicha

Nuestra señorita repollo era otra pequeñaja, su madre es de Rumanía si mal no recuerdo y el papá es español. Tienen varios hijos también. Entró siendo una canija y con los corticoides los primeros días se le cambiaba el carácter y se comía todo lo que se le pusiera por delante y más. Poco se habla de los efectos secundarios de los fármacos en estos pequeñajos, y eso que generalmente los toleran bastante bien, pero ellos qué pensarán de todo esto y sin entender del todo lo que les pasa... A saber, qué se les pasa por esas cabecitas tan pequeñas e inteligentes a la par...

A la redicha no sé por qué, pero siempre la recuerdo con alguna piruleta o chupa chups en la boca, era muy divertida y a veces gruñona, mandona, pero siempre muy graciosa. Siempre me han hecho gracia los peques con genio, quizá porque yo también siempre lo he tenido y más cuando era pequeña, ahora normalmente procuro controlarlo mejor. Su madre la verdad que siempre lo llevaba con mucha entereza a pesar de vivirlo con mucha angustia.

La verdad, que a pesar de las dificultades que supongo que encontrarían a lo largo del tratamiento, siempre tuve la sensación de que la repollito iba rodada e iba a salir bien. Y por una vez no me equivocaba en absoluto, obviamente siempre deseamos que salgan bien, pero no siempre es posible.

Ahora sigo sus pasos a través de los estados de *WhatsApp* de su madre, y se les ve felices de la vida a todos, los hermanos, los padres, A TODOS. Y qué gusto da verlos disfrutar, después de haber visto a su madre tan cansada cuando ingresaban y nos contaba que hacía tiempo que no vivía como antes, casi ni se quitaban el pijama o el chándal, total, para estar aquí, me decían.

Ahora creo que disfrutan de la vida como antes o incluso si me apuras tiene pinta que con más ganas y más fuertes. Es un gusto ver salir a los pequeñajos gruñones por la puerta grande. Así que enhorabuena a toda a la familia, tuvisteis suerte, dentro de lo que cabe. Una suerte poder compartir ratitos con esta familia tan estupenda y divertida.

Capítulo X

La familia de cuatro con ojos azules profundos como el mar...

Esta peque era un poco más mayor que el bicho rubio y que la redicha, pero su madre también formaba parte de la piña de las madres de los otros dos. Era una familia también de origen rumano, si mal no recuerdo. Tenían la piel morena y los ojos azules medio verdosos como el mar, los cuatro, los padres y sus dos preciosas hijas.

Una de ellas estaba en tratamiento con nosotros, y aunque me gustaría decir lo contrario, a esta no se lo puso la vida nada fácil. Con lo risueña y dulce que parecías cuando ingresaste, te he visto en situaciones que no te salía aquella preciosa sonrisa por cansancio, por dolor o porque parecía que ya no te quedaban fuerzas... Pero una vez más nos sorprendiste, luchaste como una guerrera y saliste adelante, y ¡qué maravilla!

Una de tus anécdotas fue con tu padre... entré una mañana en tu habitación y tú te estabas medio despertando, y tu padre te acompañaba. No recuerdo muy bien qué te tenía que hacer, pero doy por hecho que necesitaba que te fueras despertando ya, así que te saludé como muchos otros días: «¡Buenos días, princesa!».

Tú no contestaste, supongo que te removerías perezosamente entre las sábanas, pero tu padre con su cara tierna me contestó igual: «¡Buenos días, princesa!». Y desde entonces se convirtió en nuestro saludo particular matutino. Así daba gusto entrar en vuestra habitación, aunque tú no tuvieras muchas fuerzas para contestar más que esbozando a veces una pequeña sonrisa, tu padre lo hacía por los dos.

Tu madre, también con ojos azules medio verdosos y profundos como el mar, a veces parecía agotada a punto de derrumbarse, pero no sé ni cómo, cogería aliento en alguna esquina del hospital y seguía a tu lado pasara lo que pasara... Ya estuvierais en un proceso de trasplantes o en la UCI porque se hubieran complicado las cosas, tu madre siempre FUERTE y A TU LADO. Poco expresaba esa mujer para lo que le estaba sucediendo a su hija pequeña.

Y tu hermana un pelín más mayor que tú, venía muchas veces a verte, te cuidaba y estaba atenta a todo lo que necesitabas. También tiene una mirada dulce como tú, profunda y azul verdosa. Se le daba fenomenal cuidar de las personas y en especial de ti.

La verdad que hace tiempo que no te veo, princesa, aunque en oncología muchas veces que no haya noticias, ya SON BUENAS NOTICIAS. Así que, en realidad, me alegro de no saber nada nuevo...

Lo que sí se, por noticias que inevitablemente y por suerte muchas veces, van llegando, es que vuestra familia ha crecido y ahora existe otra niña, creo, pequeña, que imagino que será igual de preciosa que todos vosotros. Así que, aunque ya no os veo, ni al príncipe, ni a la princesa, ni a la mamá o a la hermana mayor de ojos azules profundos como el mar, ¡ENHORABUENA, FAMILIA! Os merecéis todo lo bueno que os pase y más.

Supongo que ya no serás una cría, sino una adolescente, y espero que no les des mucha más guerra a tus padres. Aunque cualquier cosa que hagas les parecerá poco después de todo lo que tuvisteis que luchar por ti.

Tu historia es una de esas que cuestan mucho, pero que al final merece la pena contar, porque a veces contra todo pronóstico y luchando como tú y los tuyos hicisteis, las cosas salen como deberían salir, SIEMPRE BIEN.

Capítulo XI

El pequeño venezolano

El pequeño venezolano se vino con su familia, sus padres y su hermano mayor, desde su país de origen para intentar ofrecerle mayores posibilidades de supervivencia ya que en su país estaba siendo incluso más complicado que aquí. Sin embargo, el pronóstico de este peque ya era complicado de base.

Por lo que sé viajaron a España en marzo de 2024 y continuaron con el tratamiento en nuestro hospital. Al principio creo que tuvo poco deterioro físico, pero los últimos meses que pasaste ingresado con nosotras te ibas apagando poco a poco, y era duro verlo desde fuera, no me imagino lo que les dolería a tus padres.

Otra familia cariñosa y entrañable que se nos cruzó por el camino. Lo dieron todo y más por su hijo. Largas conversaciones también las que tuvimos algunos de nosotros con ustedes. Finalmente pasasteis a cargo de paliativos y fuimos muchos los que no podíamos resistir pasar a visitaros a vuestra «nueva planta»: médicos, logopedas, fisios, terapeutas ocupacionales, auxiliares, enfermeras... Nos llegasteis al corazón a muchos sanitarios.

La mamá es una mujer joven muy dulce y agradable al trato, y risueña diría yo, de no ser por la situación que estaban viviendo. A veces en el turno de noche me gustaba compartir una pequeña charla con ella, mientras se tomaba el té o el trozo de tarta que le había llevado, para «endulzar un poco aquella situación». En la que sé por experiencia que uno se encuentra muy solo y vendido ante la vida. El papá es un hombre grande en apariencia y personalidad, parece más serio, sin embargo, luego resultó ser otro trocito de pan.

Siento mucho vuestra pérdida, no puedo imaginarme lo que es vivir todo esto y encima lejos de casa, de tu familia y vuestra gente. Recuerdo que tuvisteis la suerte de que vino la hermana de la mamá a apoyaros, y espero que sigáis pudiendo apoyaros en los vuestros.

Aún está muy reciente y aunque el pequeño venezolano era peque, también me consta que era una personita muy grande. Y por lo que sé, me quedo tranquila sabiendo que se fue en calma y rodeado de los que más le querían, vosotros. Y por supuesto acompañados del equipazo que conforman las enfermeras, auxiliares, médicos, psicólogos y trabajadores sociales, del equipo de cuidados paliativos de mi hospital.

Me detengo unos segundos en este equipo liderado por un profesional que a penas conozco, pero a veces sigo en sus cursos, en uno de ellos dijo una cosa muy interesante, que pienso que es necesario nombrarla en este capítulo, ya que desde mi punto de vista tenía mucha razón y coherencia lo que decía. Era un vídeo de una entrevista en la cual le estaban preguntando sobre un tema complicado, que da a lugar a mucha controversia incluso entre profesionales de la salud, pero lo que él dijo pienso que cualquier persona, independientemente de sus opiniones, de la cultura o de las opiniones políticas, podría estar de acuerdo con el argumento que el líder de este GRAN EQUIPO dijo. Fue algo así, como:

Que él no creía tanto en la eutanasia como tal, sino que «abogaba por unos cuidados paliativos de calidad». ¿Y a qué se referiría este profesional experimentando con una afirmación tan generalista?

Pues la entrevista continuaba y él explicaba algo muy coherente: que si a alguien que tuviera una enfermedad terminal o un dolor crónico se le ofrecieran las atenciones médicas y los cuidados necesarios, muy probablemente la gran mayoría de las personas no elegirían morirse. Porque significaría que llevarían una vida digna, con unos cuidados que les permitirían desempeñar sus actividades y su vida, aunque fuese con ciertos apoyos.

Insisto, no conozco a este profesional personalmente, más que de alguna vez saludarle por los pasillos de mi hospital. Pero la verdad, nunca había escuchado hablar a nadie con tanta coherencia como a él sobre un tema tan delicado. Supongo que por ello es el jefe de cuidados paliativos de mi hospital, por su coherencia y toda la experiencia que le precede. Y creo que la mayoría de los profesionales a su cargo están bastantes contentos con él, lo cual tampoco me extraña mucho.

Así que sí, me consta que nuestro pequeño venezolano al que tanto cariño cogimos en mi planta, a él y a toda su familia, estuvo bien cuidado por el equipazo de paliativos de mi hospital. Que ojalá se invirtiera un poco más de lo que se hace en este tipo de unidades, porque, aunque suene duro o raro, son muchos los peques que se beneficiarían de unos cuidados paliativos de calidad, y no me refiero solo a los peques de oncología, también niños con enfermedades crónicas, enfermedades raras, enfermedades terminales, al fin y al cabo.

Volviendo a nuestro peque, otro angelito que espero que esté volando y viéndonos desde algún lugar bonito. Y todos los días les mandé fuerzas a sus papás y a su hermanito para seguir adelante de alguna manera, a pesar de toda esta situación.

Me hubiera encantado seguir tus pasos desde lejos, aunque me quedo con el buen sabor de boca de haberos conocido a ti y a toda tu familia. Sois maravillosos. Os deseo lo mejor y espero que volviendo a Venezuela, vuestro hogar, como habéis hecho hace poco, os llene de amor y apoyo de los vuestros. Desde España os mando mucha FUERZA.

Capítulo XII

Y llegó el unicornio

Querida unicornia, ese era tu símbolo de guerrera, el unicornio, fuerte y alegre, de colores como tú. Hace ya años que te fuiste, pero dejaste una huella gigante en muchos de nosotros. A través de las redes sigo viendo cómo tus seres queridos más cercanos te homenajean varias veces al año con mucho cariño.

Ella, una niña de unos siete años con una sonrisa que iluminaba toda la habitación, y una familia también estupenda y extensa, de muchos hermanos. Tenías una sabiduría muy poco propia de tu edad, y sabías entender el sentido de la vida y cuándo había que disfrutarla y cuándo fue necesario dejarse llevar...

Creo que tienes hasta un libro en tu honor, y somos muchos los que aún siguen tus historias por las redes. No es para menos, eras una pequeñaja payasa y divertida. Aún recuerdo, a pesar del paso del tiempo, cómo llamabais tu madre y tú a la bomba de perfusión. Llamabais al timbre y alguna de nosotras entrábamos, y nos decíais «es la Antonia, que está muy pesada hoy y no para de pitar, ¡cállala por dios!». La verdad que formabais un dúo muy dinámico.

Te gustaba pintarte la cara y hacer la payasita y actriz, daba igual lo que hicieras porque para todo eras muy graciosa. Un día que yo no estaba trabajando, me contaron que llegaste a la planta con una peluca de color negro la raíz que se iba degradando a blanco en las puntas. Y cómo no, dejaste a todos sorprendidos con tu desparpajo habitual. Querías que te pinchara el reservorio venoso alguna de tus enfermeras más allegadas, si es que eras una listilla hasta para eso.

Tu mami como símbolo de apoyo se rapó el pelo al poco tiempo del diagnóstico, y a día de hoy, a pesar del paso del tiempo, creo que sigue yendo rapada casi al cero... Creo que es como símbolo de que nunca te olvidan y siempre la acompañarás todos los días. Teníais una relación muy especial.

Una cosa que nunca olvidaré fue cuando tu madre me contó algo muy bonito y profundo que le habías dicho un poco antes de que llegasen aquellos duros días en los que estabas ya muy malita. Recuerdo que no estabas en nuestra planta ingresada, pero por algún casual que ya no recuerdo, me tocó rotar ese día por la planta en la que estabas tú, por aquel entonces ya en tus últimos días. Hasta a mí siendo enfermera y habiendo visto a muchos peques en tu situación me sorprendió verte tan apagada, rodeada de varias bombas o «antonias» encendidas, y sin hablar. Es verdad que parecías en calma, pero daba mucha pena ver cómo te estabas despidiendo, tú con lo fuerte que eras.

Volviendo a la conversación preciosa que tuviste con tu madre en los últimos días, y la cual he podido corroborar con la madre por mensajes de *WhatsApp* al compartirle tu historia, fue así...

Mamá de Noa: Hija, ¿eres o has sido feliz?

Noa (unicornia): Mamá, nunca había sido tan feliz como desde que tengo cáncer[*].

Noa: Y a partir de ahora, mamá, lo que tienes que hacer es ser feliz y que otros niños que tengan que pasar por este camino, sea un camino un poco más fácil.

Me pareció precioso el mensaje que le querías transmitir a tu madre y un regalazo poco propio de una personita tan pequeña como tú. Pero se me olvidaba que tú no eras pequeña, eras una GRANDE.

A veces me paro a meditar por qué la mayoría de vosotros parece que seáis unos pequeños sabios y mentores de la vida, y me pregunto si fue la enfermedad lo que os hizo más fuertes o... que la vida os eligió para esto porque solo vosotros podéis afrontar tal reto. En cualquier caso, lucháis siempre hasta la última batalla.

Fue un placer conocerte, unicornia, y espero que tu madre aún recuerde la promesa que le hiciste hacer y la siga cumpliendo, porque sé que tiene muchos

---

[*] Según la madre de Noa en esto último habíamos tenido mucho que ver nosotras, por el soporte que les dábamos a los peques y a ellos, las familias.

motivos para seguir siendo feliz aun echándote muchísimo de menos todos los días.

Vuela alto, Noa, solo como los unicornios saben, eres maravillosa...

Capítulo XIII

La pequeña Minion

Este capítulo es especial como todos, pero principalmente porque la pequeña Minion aún está en tratamiento batalleando contra el cáncer y con mucha fuerza a pesar de sus escasos tres años y su pequeño tamaño.

La llamo *Minion* porque hasta hace bien poco solo le entendían sus padres al hablar y este último mes (diciembre 2024) ha empezado a hablar más y casi le entendemos entre el 70-80% de todas las cosas que dice, incluido el personal de enfermería y no solo sus padres y su hermano.

La pequeña *Minion* tiene mucho carácter y sabe chantajearnos siempre que puede con su sonrisa de pillina. Le encanta pintar y a veces hacemos dibujos con ella o para ella, para que cuando se despierte sonría viendo a *Elsa* la de *Frozen* en un papel pintada en su cuarto.

Cuando se encuentra bien juega mucho en su habitación, sola o con quien esté disponible, le gusta pintar, peinar y «cortar el pelo con su kit de peluquería de juguete». Sus padres son bastante jóvenes y junto a su hermano un pelín más mayor que ella, se desviven por la pequeña *Minion* cada día. Son muy buena gente y provienen de un pueblo de Badajoz, se dedican a los caballos entre otras cosas. Al fin y al cabo, gente sana, son muy agradables y es siempre un placer llevarlos como enfermera, no solo lo digo por mí, creo que somos muchas las que pensamos lo mismo.

Esta pequeñaja tiene mucha labia, es capaz de sacarte de quicio con su cabezonería. Por ejemplo, cuando decide que no quiere que le pongas el aerosol y tienes que dejarle tus pendientes de bolas Navidad el día de Nochebuena porque ella solo te va a dejar ponerle el aerosol si le sigues el rollo. Cómo no seguírselo con su encanto y su carita pequeña.

A veces te hace dibujos, te pide que le des tú el desayuno porque le apetece, y otras no quiere realizar la fisio respiratoria con nuestros compis los fisioterapeutas y hay que quedarse ahí en su cuarto y simular que verla jugar soplando con un matasuegras es lo que más te apetece en el día (aunque suene muy absurdo, en realidad merece la pena ver cómo la pequeña *Minion* entra al trapo con los retos que ella siente como un juego).

Otra anécdota muy graciosa fue el día que estaba agachada a tu altura porque necesitaba pedirte colaboración no sé muy bien por qué motivo, el caso es que tú te tiraste un pedo mientras estaba agachada a tu lado y me tiraste de la mascarilla hacia abajo mientras te reías. Y yo sorprendida os dije: «Anda, ¿y esto es nuevo, por qué me tiras de la mascarilla?» y tu padre con vuestro acento extremeño característico me dijo: «Eaaa Elena, para que te lo comas enterito». Y tanto que me lo comí, menuda bicha estás hecha.

En cuanto empiece el año nuevo tienes pruebas para ver cómo vas evolucionando. Y espero de verdad, de todo corazón, que estos últimos ciclos que te quedan sean lo que necesitas para ganar esta guerra que te ha tocado vivir junto a tu familia. Y deseo poder seguirte desde lejos y verte crecer.

Y mientras tanto dejaremos que nos peines, nos chantajees con tu cara de pillina, que nos robes los bolis o lo que sea que haga falta para ver todos los días tu sonrisa, y por ende la de tus padres y tu hermano. Te queremos mucho, pequeña *Minion* de *Frozen*.

Despedida y agradecimientos

A aquellos que hayan conseguido llegar al final, simplemente me dirijo para expresar lo bonito que ha sido poder compartir estas historias con vosotros, algunas de ellas muy tristes y otras con finales felices, pero todas bonitas.

Sentimos de corazón a todos aquellos que no pudimos llegar a tiempo por lo que sea, el contrarreloj con la enfermedad pisándoos los talones, porque no haya cura todavía existente para esa enfermedad o por complicaciones que os hayan ido surgiendo y no hayamos podido paliar... Nosotros, mis compañeros, os prometo que lo hemos intentado siempre con todas nuestras fuerzas, pero evidentemente no siempre obtenemos el resultado que a todos nos gustaría.

Por eso, a veces, creo que los profesionales nos quedamos con la sensación de no haber podido hacer suficiente, aunque en realidad siempre se procura dar todo lo que está a nuestro alcance en la actualidad.

Ojalá se sigan abriendo nuevas líneas de investigación y nos concienciemos en la importancia de invertir en herramientas tanto preventivas, diagnósticas como curativas. Y por supuesto, si no se puede hacer nada más… invertir todas nuestras fuerzas y cariño en apostar por unos cuidados paliativos de calidad, y acompañar a esa familia en uno de los momentos más duros, paliando los síntomas antes de que su ser más querido, en este caso su peque, se vaya a otro lugar…

Os prometo que todos los sanitarios intentamos hacerlo lo mejor posible, pero no siempre se puede, y puede parecer que para las familias no fue suficiente. Ojalá ser perfectos, y siempre poder estar a la altura de vuestras necesidades, pero, aunque no lo creáis no somos superhéroes, somos personas normales, con vidas más o menos normales, un poco desestructuradas en cuanto a las horas de sueño…

Pero por lo demás, sentimos y vivimos como el resto, nos pasan cosas buenas y no tan buenas, así que siento si alguna persona que lea esto piensa que no fue suficiente, probablemente lo intentaron, pero por lo que sea… no pudo ser.

Los que sí que son superhéroes son nuestros peques, las personitas más pequeñas y más guerreras que he conocido en mi vida. Y con las que tengo la suerte de compartir y aprender todos o casi todos los días de mi vida.

Desde aquí me despido, espero seguir cuidando de estos enanos pelones mucho tiempo, nos dan mucha vida y nos hacen saborearla y agarrarnos a ella más fuerte. Gracias a todos.

Por los que estáis, por los que se fueron y por los que vendrán… Ojalá sean cada vez menos porque existan más avances.

Os intentaremos cuidar entre todos lo mejor posible, eso sí os lo podemos garantizar.

¡FELIZ VIDA a todos! A veces triste a veces feliz, pero al fin y al cabo VIDA.

Y gracias a todos mis compis por aguantarnos y apoyarnos entre todos nosotros, por no rendirnos y por intentar hacer lo mejor posible, lo que mejor se nos da...

CUIDAR DEL RESTO. Qué suerte tener la profesión más bonita del mundo «EL ARTE DEL CUIDADO».

Gracias a las compis y a nuestro chico sevillano de la planta, por cuidarnos entre todos, y por hacer de este trabajo duro algo bonito y «divertido». No hay día que no acabe en carcajada. Y en especial a mi amiga del trabajo MC, eres incondicional y guerrera hasta el final con todo y con todos, te quiero muchísimo, aunque no te lo diga lo suficiente. Y mis dos auxis favoritas, la rubia y la morena, que, aunque me metan caña todos los días también las quiero mucho. A nuestras dos supervisoras de oncología, la Jefa y la CoSuper, por escucharnos aunque no siempre puedan hacer magia. Y a las antiguas supervisoras rubias, por actuar siempre como ángeles de la guarda. Al resto de compis de oncología y pediatría que nos acogen en sus plantas y con los que compartimos todos los veranos cuando cierran nuestra planta. Y a mis compis de hospi de día pediátrico que me enseñaron hace ya varios años todo lo que sé a día de hoy como enfermera, al menos lo más importante; y no me refiero a las técnicas de enfermería. Y cómo no, a los oncólogos y pediatras con los que cada día trabajamos más unidos y en equipo.

Y no se me olvida, gracias a mi hermano, mi cuñada, mi sobri y mi madre por apoyarme incondicionalmente.

Gracias a una personita que permaneció a mi lado todo el camino hasta que yo decidí apartarme, gracias también. Al igual que estaré eternamente agradecida con toda su familia.

Al igual que mi mejor amiga SS que está siempre cerca, aunque a veces no haya sido fácil. Y por regalarme algo que siempre me ha hecho muy feliz, ser la madrina de su hijo, que por lo que parece, nos va a dar mucho de qué hablar. Y gracias a mis *muymes* que son como mi familia junto a mi amiga la catalana, y a mi mejor amigo que actualmente reside lejos en EE. UU., pero está siempre presente, aunque sea desde la distancia. Qué ganas de que vuelvas y más después de las últimas noticias que me habéis dado…

Y a ti, enano, vecino de la urba de mi madre, también gracias, solo tú puedes saber por qué, tu también eres incondicional. Gracias a mi editor incógnito, él pasó por lo mismo, y siempre le pone pasión a las cosas que quiere. Y al resto de mis amigos también, que me apoyaron de la mejor manera que sabían.

Gracias a mis compis de teatro, no solo el grupo de «los *lunnies*», hablo por todos, por hacer de un grupo de teatro de improvisación una gran familia y un tremendo apoyo. Sin saberlo, habéis sido la iluminación en este caminito a veces, tan complicado de recorrer. Sois todos buenísimas personas y es un placer compartir todas las tardes de los lunes desahogándonos en el escenario de nuestra queridísima y amiga profe de teatro. Ella es especial y, como todas las personas especiales, saca lo mejor de todos nosotros y hace que la gente que la rodea se sienta cómoda, querida y bonita, al lado de ella y su marido el bigotes. Y a mi «equipo de *art attack*», ellas saben quiénes son, gracias, sois el descubrimiento del año, y de toda una vida, espero.

Al pintón, porque espero de verdad que se cuide en su proceso, y estoy segura de que lo conseguirás.

A mis antiguas compis de cerámica de Madrid y a mi profe también gracias, nunca pensé que me desahogaría tanto llorar delante del barro mientras intentaba hacer alguna figurita o algún plato bonito.

A mi nueva profe de cerámica argentina, que más divertida y mejor persona no puede ser. Gracias por dejarme compartir espacios en tus clases; entre cafés, tés y barro, haces que estar en tu precioso estudio sea un momento de relajación y disfrute.

A mi box de Crossfit y su gente, parece que diciendo esto soy como dicen mis amigos «de la secta», pero en realidad más que el box o el mismo deporte, en este caso el crossfit, es más por la gente y el rato que pasamos juntos matando el cortisol.

Gracias a mi amiga Sandra, enfermera y compañera de las prácticas del Experto de Cooperación, que tuvimos la oportunidad de estudiar juntas hace años. Por entenderme siempre tan bien y por haber compartido aquella experiencia, perdidas por los cerros de la capital del Perú, Lima.

Gracias a uno de mis enfermeros favoritos y más pequeño que yo, con el tiempo, aunque ya no seamos compis del hospital, hemos descubierto que nos parecemos mucho y que nos podemos apoyar mucho también. SUERTE con el EIR (Enfermero Interno Residente), sé que no tardarás mucho en sacarte la especialidad de pediatría... Y espero que así sea, porque los peques podrán disfrutar de la mejor compañía y los mejores cuidados, con todo ese cariño que tú desprendes.

A mi auxiliar de quirófano favorita, mi Fa, por apoyarme siempre en mi sensibilidad y por enseñarme que a veces viene bien embadurnarse el cuerpo en aceite de coco por las mañanas, no sólo para hidratar la piel, sino para que todo lo que no es importante, te resbale.

A mi enfermero de pelo largo y rizado, porque hablar con él en los «descansos» del trabajo me da un chute de energía extra para superar la jornada. Aún seguimos soñando en cómo sería el día que Almodóvar, el director de cine, escuchase nuestras conversaciones de pasillo en el hospital. Siempre nos preguntamos si nos cogería directamente como actrices o si elegiría a otras grandes estrellas para contar nuestras historias.

A mi trabajador social «paliativo» favorito, por escucharme siempre y decirme que, aunque no lo creyera, el brillo de los ojos nunca se me fue.

A mi Luluchi, una vieja amiga de la infancia, su pareja Xau y su hijo, por acogerme con los brazos abiertos en Valencia siempre que necesito ver el mar y despejarme de Madrid.

A las personitas de la Asociación ANDE, tanto monitores como chavales, por enseñarme muchas cositas de la vida desde bien joven acompañando a personas con diversidad funcional.

A mi nuevo vecino, el «azoteas», porque sé que esta relación de amistad va para largo y me divierte comer contigo entre semana cuando nadie más libra. Espero que tenga suerte con el nuevo proyecto que tiene entre manos. Junto con mi otro vecino de la urba de mi madre, el «enano», son el claro ejemplo de personas que «piensan en GRANDE y llegarán LEJOS».

Y a mi Lusi porque siempre estás, y tratas de que no tropiece con las mismas piedras que tú, y a veces, sólo a veces, funciona.

A mi antiguo vecino Guille, porque paseando con él y su perro de aguas, ha conseguido a través del sarcasmo que le caracteriza que me ría de las cosas más duras que nos suceden en la vida.

A mi vecina Aurora por ser la persona que conozco más parecida a un hada madrina, y hacer que siempre entendiera la física y la química.

A ti, Nana, por llegar a España hace años desde Ghana y convertirte en «my Little bro», tú también vas a llegar lejos, aunque tu camino sea más abrupto. Y por supuesto, a tu hermana, Evelyn, y sus hijos, gracias por enseñarnos tantas cosas a mí y a mi familia. La forma en la que llegaste hace muchos años a nuestras vidas, no fue la más bonita del mundo, pero tu continua lucha y persistencia, a mí personalmente me ha ayudado a valorar mucho más las cosas buenas de la vida y a entender que es una suerte haber nacido en un país «privilegiado». Por este mismo motivo, también agradezco haber conocido a Juddith, una mujer ecuatoriana que ha luchado muy fuerte, lejos de su familia, para garantizar las mejores oportunidades a sus hijos y al resto de su familia, en la distancia y trabajando muy duro.

A mis amigos y compañeros de la universidad…

Rastis, Ajo y Agua, Jerni, Conde, Andre, Roci, Karim, JC, Las Bendición y Buenas noches, Raquelilla, Esther D, Coral, la Guerri, Yaiza, Pati B, Carol, Paula V, Gema, Nat, Sefi, Lauri, Lore, el extremeño, Carlitos, Esther L, Sergio o también conocido por el Míster, Fulgen, Lombardía, Sandra, Natalia G. la canaria, Anita

L, Barroso, no sólo compi de carrera también compi de hospital; mi Opra (primera y mejor compi de las prácticas de la carrera), Sara la malagueña e Irene que fue mi compi de autobús unos años. Juntos, pronto descubrimos que habíamos elegido una de las profesiones más bonitas del mundo, pero junto a Enfermera Saturada entendimos que todo lo bonita que tiene, lo tiene de dura. Y así fue como nos dimos cuenta de que nos iban a faltar muchas horas de sueño, y que íbamos a trabajar muchos fines de semana, perdiéndonos algunas cosas... Y comprendimos y nos empezamos a reír con imágenes y frases como esta: «*Porno para enfermeras...*»

Y a mis CoR y resis mayores y menores de la residencia de enfermería pediátrica en el Hospital Fundación Alcorcón (Lorena, Elena P, Raquel M, Bea, Sonia, Elena peque y Lourdes). Y a nuestro tutor de la residencia Javi por su paciencia incondicional, y a profesionales tan increíbles de ese hospital como es AG, pediatra de profesión, que me abrió los ojos hacia otro camino maravilloso como es el mundo pediatría social. Y a otro pediatra social de mi actual hospital, EV, por confiar en mí... Espero que podamos seguir construyendo muchos proyectos con el resto del equipo.

A mi médico de cabecera CL, por todos los dolores de cabeza que le haya podido producir en estos dos últimos años y por haber velado siempre por mi salud. Y a mi psicóloga Teresa, por todo y más.

A divulgadores como «Lucía mi pediatra» a la cual sigo no sólo para estar actualizada en el mundo de la pediatría, sino por su visión del mundo y por mostrarse siempre «guerrera», aparentemente inquebrantable pero tremendamente sensible a la par. Con ella también se aprende mucho y no sólo de pediatría.

A mi hermano de nuevo por cuidarme siempre como el mejor hermano mayor que exista, y por llevarme de la oreja a esa secta que llaman *Crossfit* y que tan bien me sienta, no tanto a mis agujetas, pero sí a la cabecita. Me encanta poder compartir ese espacio contigo a pesar de que apenas coincidamos por tema de horarios. Y gracias a ti también, cuñi, por regalarnos tanto tiempo para compartir con ellos, mi hermano y mi sobrino.

A ti, sobri, que eres lo más bonito que he conocido nunca, eres una MEZCLA de todos, y siempre intentas quedarte con lo MEJOR de cada uno. Qué pena y a la vez qué GANAS de ver en quién te conviertes. A veces con tus preguntas transcendentales nos dejas a todos descolocados, pero ese es tu encanto, que ves más allá que muchos adultos. Te quiero mucho, sobri, tú sí que sabes y puedes vacilarme.

A mis tíos y primos, una vez más gracias, el aperitivo cuando los días libres lo permiten, es mi comida favorita, pero desde que lo compartimos rigurosamente cada fin de semana, acompañándonos mientras mi padre se iba apagando... Se ha convertido en un ritual diría que hasta nostálgico y bonito a la par.

Y a ti, *Dadycool*, por enseñarme tanto aun estando en Casiopea... Y, sobre todo, a ti, mamá, por enseñarme a ser quien soy y ESTAR SIEMPRE. Nunca podré devolverte todo lo que nos has regalado, pero espero que al menos sepas lo agradecida que estoy de teneros.

Esta edición de *El día que entendí mi propia vida…
y la del resto*, de Elena Aguado Alba
de imprimir en Madrid,
en el mes de abril de 2025